BEI GRIN MACHT SICH IHR WISSEN BEZAHLT

- Wir veröffentlichen Ihre Hausarbeit, Bachelor- und Masterarbeit
- Ihr eigenes eBook und Buch - weltweit in allen wichtigen Shops
- Verdienen Sie an jedem Verkauf

Jetzt bei www.GRIN.com hochladen und kostenlos publizieren

Die Neue Frauenbewegung

Wie prägt der feministische Aktivismus zur häuslichen Gewalt die gesellschaftliche Wahrnehmung?

Bibliografische Information der Deutschen Nationalbibliothek:

Die Deutsche Nationalbibliothek verzeichnet diese Publikation in der Deutschen Nationalbibliografie; detaillierte bibliografische Daten sind im Internet über http://dnb.d-nb.de abrufbar.

ISBN: 9783389093788
Dieses Buch ist auch als E-Book erhältlich.

© GRIN Publishing GmbH
Trappentreustraße 1
80339 München

Alle Rechte vorbehalten

Druck und Bindung: Books on Demand GmbH, Norderstedt Germany
Gedruckt auf säurefreiem Papier aus verantwortungsvollen Quellen

Das vorliegende Werk wurde sorgfältig erarbeitet. Dennoch übernehmen Autoren und Verlag für die Richtigkeit von Angaben, Hinweisen, Links und Ratschlägen sowie eventuelle Druckfehler keine Haftung.

Das Buch bei GRIN: https://www.grin.com/document/1522537

Inhaltsverzeichnis

1. Einleitung 1

2. Die Zeitschrift *EMMA* und ihre Berichterstattung über häusliche Gewalt 2

   2.1 Überblick über die Zeitschrift EMMA 2

   2.2 Quellenkritik 4

   2.3 Analyse des Artikels „Ein Tag im Haus für geschlagene Frauen" 6

3. Auswirkungen der Zeitschriftberichterstattung auf die Gesellschaft 10

4. Fazit 12

5. Quellenverzeichnis 14

6. Literaturverzeichnis 14

1. Einleitung

Die Frauenbewegung der 1960er und 1970er Jahre, oft als „zweite Welle des Feminismus" bezeichnet, markierte einen entscheidenden Wendepunkt in der Geschichte der Frauenrechte. Diese Bewegung setzte sich intensiv für die Verbesserung der sozialen, politischen und wirtschaftlichen Stellung der Frauen ein und rückte erstmals öffentlich die Problematik der häuslichen Gewalt in den Fokus, die bis dahin weitgehend als privates Problem galt.

Die Nachkriegszeit war geprägt von einer Rückkehr zu traditionellen Geschlechterrollen, was zu einer restaurativen und repressiven Geschlechterordnung führte. Diese konservativen Strukturen wurden jedoch in den 1960er Jahren zunehmend infrage gestellt, insbesondere durch die aufkommenden Bürgerrechts- und Protestbewegungen, die auch die Frauenbewegung beeinflussten.[1] In diesem Kontext spielte Alice Schwarzer eine zentrale Rolle. Als eine der führenden Figuren der deutschen Frauenbewegung gründete sie 1977 die Zeitschrift *EMMA*, um feministische Themen einer breiteren Öffentlichkeit zugänglich zu machen und gesellschaftliche Veränderungen anzustoßen. Diese Zeitschrift war maßgeblich daran beteiligt, das Thema häusliche Gewalt ins öffentliche Bewusstsein zu rücken und politische Reformen anzuregen.[2]

Vor diesem Hintergrund wird in dieser Arbeit die Forschungsfrage untersucht: Wie prägt der feministische Aktivismus zur häuslicher Gewalt die gesellschaftliche Wahrnehmung? Dabei wird insbesondere die Berichterstattung über häusliche Gewalt in der Zeitschrift *EMMA* und deren Einfluss auf die gesellschaftliche Wahrnehmung des Themas. Im Mittelpunkt steht dabei der Artikel „Ein Tag im Haus für geschlagene Frauen".[3] Zudem werden die gesellschaftlichen Auswirkungen der feministischen Berichterstattung unter Einbeziehung wissenschaftlicher Analysen, wie dem Tagungsbericht von Susanne Klose und Eva Labouvie sowie der Rezension von Isabel Heinemann, betrachtet, um zu beleuchten, wie diese Diskurse zur Veränderung gesellschaftlicher Wahrnehmungen und politischer Maßnahmen beigetragen haben. Die Arbeit analysiert, inwieweit die Berichterstattung in *EMMA* die gesellschaftliche Reaktion auf häusliche Gewalt geprägt hat.

---

[1] Gerhard, Ute. Frauenbewegung und Feminismus: Eine Geschichte seit 1789. 4. Auflage. Verlag C.H. BECK, 2020. S.107.

[2] Vgl. ebd., S. 114.

[3] Emma. Ein Tag im Haus für geschlagene Frauen. In: EMMA, Ausgabe 1, 1977.

2. Die Zeitschrift *EMMA* und ihre Berichterstattung über häusliche Gewalt

Die Zeitschrift *EMMA* hat seit ihrer Gründung im Jahr 1977 die öffentliche Diskussion über häusliche Gewalt maßgeblich geprägt. Die Zeitschrift brachte dieses Thema in den gesellschaftlichen Fokus und betrachtete es als zentrales feministisches Anliegen. In den folgenden Abschnitten wird die Ausrichtung der Zeitschrift genauer untersucht.

2.1 Überblick über die Zeitschrift *EMMA*

Alice Schwarzer, geboren 1942 in Wuppertal, ist die Gründerin und Herausgeberin der unabhängigen feministischen Zeitschrift *EMMA,* die seit 1977 erscheint. Schwarzer, die als „geniale, selbstbewusste „self-made woman" beschrieben wird, hat mit *EMMA* eine bedeutende Plattform für feministische Themen geschaffen.[4] Sie ist eine herausragende Figur der deutschen Frauenbewegung und hat die Zeitschrift mit großem persönlichem Engagement aufgebaut. In ihrer Autobiografie „Lebenslauf" beschreibt Alice Schwarzer ihre Motivation und die Herausforderungen, die sie bei der Gründung von *EMMA* bewältigen musste. Sie betont, dass *EMMA* von Anfang an unabhängig und selbstfinanziert war, was der Zeitschrift eine besondere Authentizität und Glaubwürdigkeit verlieh.[5]

EMMA spielte eine entscheidende Rolle dabei, feministische Themen einer breiten Öffentlichkeit zugänglich zu machen und gesellschaftliche Veränderungen anzustoßen. Die Zeitschrift trug insbesondere dazu bei, die öffentliche Diskussion über die Rechte von Frauen zu fördern. Sigrid Metz-Göckel hebt in ihrer Rezension hervor, dass Schwarzer nicht nur feministische Themen in die Öffentlichkeit brachte, sondern auch selbst zu einer zentralen Figur der Bewegung wurde.[6]

Ein wichtiger Aspekt der Arbeit von *EMMA* war die Berichterstattung über häusliche Gewalt. So trug die Zeitschrift dazu bei, dieses Thema aus privaten Sphäre herauszuholen und als gesellschaftliches Problem zu thematisieren. Ein eindrucksvolles Beispiel hierfür ist der Artikel „Ein Tag im Haus für geschlagene Frauen" aus der ersten Ausgabe von *EMMA,* der die Lebensrealität von Frauen, die vor häuslicher Gewalt flüchteten, beleuchtet.[7]

---

[4] Metz-Göckel, Sigrid. „Rezensionen: Monika Jaeckel, 2011: Mein bewegtes Leben; Alice Schwarzer, 2011: Lebenslauf." In: GENDER – Zeitschrift für Geschlecht, Kultur und Gesellschaft, 5(1), 153-157, 2013. S. 155.
[5] Vgl. ebd.
[6] Vgl. ebd.
[7] EMMA, „Ein Tag im Haus für geschlagene Frauen."

Die wissenschaftliche Rezeption von *EMMA* unterstreicht die nachhaltige Wirkung der Zeitschrift. Metz-Göckel betont in ihrer Analyse die Bedeutung von *EMMA* für die feministische Öffentlichkeitsarbeit und beschreibt, wie Alice Schwarzer gegen den Mainstream Aufmerksamkeit für neue feministische Ideen schuf.[8]

In den 1970er Jahren erlebte die Frauenbewegung in der Bundesrepublik Deutschland einen bedeutenden Aufschwung, der als „Neue Frauenbewegung" bekannt wurde. Diese Bewegung zeichnete sich durch ihre Unabhängigkeit und das Bestreben aus, nicht nur Gleichberechtigung innerhalb bestehender Strukturen zu erreichen, sondern auch tiefgreifende gesellschaftliche Veränderungen anzustoßen. Ein zentraler Bestanteil dieser Bewegung war die Etablierung feministischer Öffentlichkeit und Projekte, die als Plattformen für Austausch und Mobilisierung dienten.[9] Eine der einflussreichsten dieser Plattformen war die 1977 von Alice Schwarzer gegründete Zeitschrift *EMMA*. Im Gegensatz zu anderen feministischen Publikationen wie „Courage", die in kollektiver Arbeit entstanden, war *EMMA* von Anfang an das Sprachrohr von Alice Schwarzer selbst. Schwarzer prägte den bundesdeutschen Feminismus maßgeblich und nutzte die Zeitschrift, um feministische Themen einer breiten Leserschaft zugänglich zu machen. *EMMA* trug entscheidend zur Verbreitung feministischer Ideen bei und erreichte nicht nur Frauen, sondern auch männliche Leser.[10] Die große Reichweite von *EMMA* ermöglichte es der Zeitschrift, feministische Themen in die öffentliche Diskussion einzubringen und bedeutende gesellschaftliche Debatten anzustoßen. Insbesondere spielte *EMMA* eine zentrale Rolle dabei, das Thema häusliche Gewalt aus der privaten Sphäre herauszuholen und als gesellschaftliches Problem zu adressieren.[11] Darüber hinaus war *EMMA* nicht nur ein Medium, sondern auch ein aktiver Akteur innerhalb der feministischen Bewegung. Die Zeitschrift unterstützte und organisierte feministische Projekte und Veranstaltungen, wodurch sie zur Mobilisierung und Vernetzung von Frauen beitrug und Räume für feministische Identität und Solidarität schuf.[12]

Im Anschluss an diese Betrachtung wird die Rolle von *EMMA* im Kontext der feministischen Öffentlichkeit von Sabine Hark in ihrem Artikel „Von EMMA zu Alpha: Über Möglichkeiten und Grenzen feministischer Kritik heute" kritisch reflektiert. Hark hebt hervor, dass die Zeitschrift in den 1970er Jahren eine zentrale Plattform für feministische Diskurse war.

---

[8] Metz-Göckel, „Rezensionen: Monika Jaeckel und Alice Schwarzer," S. 157.
[9] Gerhard, Frauenbewegung und Feminismus, S. 114.
[10] Vgl. ebd.
[11] Vgl. ebd.
[12] Gerhard, Frauenbewegung und Feminismus, S. 115.

Insbesondere zielte die Zeitschrift darauf ab, feministische Anliegen fest in den gesellschaftlichen Diskurs zu integrieren und dabei eine breite Öffentlichkeit zu erreichen.[13]

Hark betont, dass *EMMA* nicht nur ein Sprachrohr für feministische Anliegen war, sondern eine wesentliche Rolle bei der Definition feministischer Identität in Deutschland spielte. Die Zeitschrift trug entscheidend dazu bei, den Feminismus durch die Thematisierung kontroverser Themen wie häuslicher Gewalt in der Öffentlichkeit zu verankern.[14] Weiterhin diskutiert Sabine Hark die Entwicklung der Zeitschrift im Laufe der Jahrzehnte und stellt die Frage, inwieweit *EMMA* den Wandel feministischer Diskurse und Praktiken mitgestaltet hat. Sie zeigt auf, dass die Zeitschrift in den 1970er Jahren eine scharfe feministische Kritik gegen patriarchale Strukturen formulierte, diese Rolle jedoch im Laufe der Zeit von neuen feministischen Strömungen herausgefordert wurde.[15] Abschließend reflektiert Sabine Hark über die Herausforderungen, denen *EMMA* insbesondere in der Weiterentwicklung feministischer Kritik gegenüberstand und betont, dass die Zeitschrift zwar stets bestrebt war, eine führende Rolle innerhalb der feministischen Bewegung einzunehmen, was jedoch auch zu Spannungen und Debatten innerhalb der feministischen Gemeinschaft führten.[16]

2.2 Quellenkritik

Die Zeitschrift *EMMA* als Quelle für die Untersuchung der Berichterstattung über häusliche Gewalt bietet wertvolle Einblicke. Diese Quellenkritik basiert auf den Arbeiten von Ute Gerhard und Sabine Hark, die beide relevante Perspektiven auf die Rolle und Bedeutung von *EMMA* innerhalb der feministischen Bewegung in Deutschland bieten.

EMMA wurde 1977 von Alice Schwarzer gegründet, um feministische Themen einer breiteren Öffentlichkeit zugänglich zu machen. Gerhard beschreibt die Entstehung dieser feministischen Öffentlichkeit als einen „Akt der Selbstermächtigung" und hebt hervor, dass die Zeitschrift in einer Zeit entstand, in der die Frauenbewegung nach neuen Wegen suchte, ihre Anliegen in die Gesellschaft zu tragen.[17] Dieser Kontext ist entscheidend für das Verständnis der Ausrichtung von *EMMA*. Die Zeitschrift verstand sich als unabhängiges Medium, das nicht nur informiert, sondern auch agitierte und mobilisierte. Dieses erklärte Ziel, aktiv in gesellschaftliche Debatten

---

[13] Hark, Sabine. „Von EMMA zu Alpha: Über Möglichkeiten und Grenzen feministischer Kritik heute." Journal Netzwerk Frauen- und Geschlechterforschung NRW, Nr. 26 (2010): 36-42. S. 36.
[14] Vgl. ebd., S. 37.
[15] Vgl. ebd., S. 38.
[16] Vgl. ebd., S. 39.
[17] Gerhard, Frauenbewegung und Feminismus, S. 108.

einzugreifen, erklärt die spezifische ideologische Prägung der Zeitschrift, die sich in ihrer Berichterstattung widerspiegelt.

Die primäre Zielgruppe von *EMMA* waren Frauen, die sich für feministische Themen interessierten oder sich selbst als Teil der Frauenbewegung sahen. Sabine Hark betont, dass *EMMA* bewusst als Plattform für feministische Diskurse bot, die sich an eine breitere Öffentlichkeit richtete, um gesellschaftliche Veränderungen anzustoßen.[18] Diese klare Agenda spiegelt sich in der Auswahl der Themen und der Art der Berichterstattung wider, die stark durch eine feministische Perspektive geprägt war. Harks Analyse zeigt, dass diese Ausrichtung notwendig war, um feministische Anliegen in einem patriarchal geprägten Umfeld durchzusetzen, gleichzeitig aber die Gefahr einer Einseitigkeit bringt.

EMMA setzte stark auf eine Berichterstattung, die oft auf persönlichen Geschichten, Interviews und subjektiven Kommentaren beruhte, insbesondere von Alice Schwarzer selbst. Diese narrative und emotionale Herangehensweise ermöglichte es, komplexe und oft tabuisierte Themen wie häusliche Gewalt einem breiten Publikum verständlich zu machen und damit ein größeres gesellschaftliches gewusst sein zu schaffen.[19] Sabine Hark weist jedoch darauf hin, dass diese Methode dazu führen kann, dass alternative Sichtweisen und kritische Stimmen in den Hintergrund treten, was die Objektivität der Berichterstattung beeinträchtigen könnte.[20] Die subjektive Darstellung ist somit charakteristisch für *EMMA* und reflektiert sowohl die starke politische Ausrichtung der Zeitschrift als auch die Rolle von Alice Schwarzer als prägende Figur, die das Medium stark beeinflusste.

Obwohl *EMMA* als unabhängig und selbstfinanziert galt, was der Zeitschrift eine gewisse Freiheit in der Themenwahl ermöglichte, weist Gerhard darauf hin, dass die starke personelle Verflechtung mit Alice Schwarzer die Objektivität der Inhalte beeinflussen könnte. Gerhard betont, dass die Unabhängigkeit der feministischen Projekte wie *EMMA* eine wichtige Rolle für ihre Glaubwürdigkeit und Authentizität spielte. Gleichzeitig merkt sie an, dass diese Unabhängigkeit durch die starke persönliche Prägung von Gründerinnen wie Schwarzer auch ihre Grenzen hatte.[21] Diese enge Verbindung zwischen Person und Medium führt

---

[18] Hark, „Von EMMA zu Alpha", S. 36.
[19] Vgl. ebd., S. 37.
[20] Vgl. ebd., S. 38.
[21] Gerhard, Frauenbewegung und Feminismus, S.114.

möglicherweise dazu, dass die Berichterstattung als parteiisch und wenig neutral wahrgenommen wird.

Ein zentraler Kritikpunkt an *EMMA* ist die potenzielle Einseitigkeit in der Darstellung von Themen. Die Zeitschrift fokussierte sich stark auf feministische Anliegen, was zwar die Sichtbarkeit und Bedeutung dieser Themen erhöhte, gleichzeitig jedoch dazu führte, dass alternative Perspektiven, die nicht in das feministische Narrativ passten, weniger berücksichtigt wurden.[22] Hark reflektiert, dass *EMMA* zwar eine bedeutende Rolle bei der Definition feministischer Diskurse spielte, dabei jedoch oft neue, aufkommende Strömungen innerhalb des Feminismus nicht ausreichend einbezog.[23] Diese Tendenz zur Vereinfachung und Dramatisierung, die häufig auf individuellen Erfahrungen beruhte, könnte die Komplexität von Themen wie häuslicher Gewalt reduzieren.

2.3 Analyse des Artikels „Ein Tag im Haus für geschlagene Frauen"

Der Artikel „Ein Tag im Haus für geschlagene Frauen", veröffentlicht in der ersten Ausgabe der Zeitschrift *EMMA* im Jahr 1977, schildert eindringlich die Erfahrungen von Frauen, die vor häuslicher Gewalt in ein Frauenhaus flüchten. Alice Schwarzer beschreibt in diesem Artikel nicht nur die erschütternden Erlebnisse der betroffenen Frauen, sondern beleuchtet auch die strukturellen Herausforderungen, mit denen diese Frauen konfrontiert sind.[24]

Bereits im ersten Abschnitt des Artikels wird die Alltäglichkeit der Gewalt gegen Frauen thematisiert, was Schwarzer als „normal und allgegenwärtig" bezeichnet.[25] Diese Beschreibung der Normalität von Gewalt verdeutlicht nicht nur die allgemeine gesellschaftliche Ignoranz gegenüber dem Problem, sondern macht zugleich die Dringlichkeit deutlich, mit der dieses Thema in die öffentliche Diskussion gebracht werden muss. Ute Gerhard beschreibt diesen Aspekt als einen wichtigen Schritt in der Selbstermächtigung der Frauenbewegung, bei dem feministische Öffentlichkeit geschaffen wurden, um Themen wie häusliche Gewalt ins gesellschaftliche Bewusstsein zu rücken.[26] Diese Perspektive zieht sich durch den gesamten

---

[22] Hark, „Von EMMA zu Alpha", S.38.
[23] Vgl. ebd., S. 39.
[24] Emma, Ein Tag im Haus für geschlagene Frauen, 1977.
[25] Vgl. ebd., S. 6.
[26] Gerhard, Frauenbewegung und Feminismus, S. 108.

Artikel, wobei die Geschichten der Frauen, die in das Frauenhaus geflüchtet sind, im Mittelpunkt stehen.

Ein markantes Beispiel für diese Ignoranz zeigt sich in der Aussage. „Die Nachbarn? Ach die, die machen doch nur Tür und Fenster zu. Die wollen mit sowas nichts zu tun haben".[27] Diese Worte verdeutlichen die allgemeine gesellschaftliche Tendenz, das Problem häuslicher Gewalt zu verdrängen und als privates Problem zu betrachten. Der Artikel verknüpft solche Schilderungen gezielt mit der Kritik an gesellschaftlichen Strukturen, die Gewalt als privates Problem abtun und damit einer ernsthaften Auseinandersetzung ausweichen.

Um diese gesellschaftliche Veränderungen und Ignoranz zu bekämpfen, ist die mediale Aufarbeitung solcher Themen entscheidend, wie Schaser und Schraut betonen. Die Historiographie der Frauenbewegung, wie sie von Schaser und Schraut beschrieben wird, unterstreicht die Rolle der Geschichtsschreibung und Erinnerungskultur in der Verankerung feministischer Themen im gesellschaftlichen Gedächtnis.[28] Die Frauenbewegung war aktiv daran beteiligt, diese Traditionen zu schaffen und weiterzugeben.[29] Besonders die Medien spielten eine zentrale Rolle bei der Bewahrung und Verbreitung dieser feministischen Erzählungen.[30] Der Artikel in *EMMA* kann als Teil dieser Bemühungen betrachtet werden, die Stimmen der betroffenen Frauen zu stärken und ihre Erfahrungen in das kollektive Gedächtnis der Gesellschaft zu integrieren.

Durch die Verwendung von persönlichen Geschichten und direkten Zitaten erzielt der Artikel emotionale Wirkung und sensibilisiert die Leser für das Thema. Schwarzer schildert die individuellen Schicksale der Frauen detailliert, wie beispielsweise die Geschichte von Gudrun Held, die beschreibt: „Ich bin hundertmal wieder zurückgegangen, weil ich nicht wusste, wohin".[31] Diese persönlichen Erzählungen dienen nicht nur dazu, Mitleid zu erwecken, sondern sollen auch die systemische Ignoranz gegenüber den Problemen dieser Frauen verdeutlichen. Gerhard weist darauf hin, dass die emotionale Erzählweise ein zentrales Mittel der Neuen Frauenbewegung war, um auf strukturelle Ungerechtigkeiten aufmerksam zu machen und den Druck auf politische und gesellschaftliche Institutionen zu erhöhen.[32]

---

[27] Emma, Ein Tag im Haus für geschlagene Frauen, 1977, S. 7.
[28] Petra Steymans-Kurz (Hg.), Angelika Schaser (Hg.), Sylvia Schraut (Hg.), Erinnern, vergessen, umdeuten? (2019), Campus Frankfurt / New York, 60486 Frankfurt/Main, S. 8.
[29] Vgl. ebd., S. 9.
[30] Vgl. ebd., S. 10.
[31] Emma, Ein Tag im Haus für geschlagene Frauen, 1977, S. 7.
[32] Gerhard, Frauenbewegung und Feminismus, S.110.

Ein weiteres Beispiel ist die Schilderung: „Ihr Mann setzte sie nach der Prügel meist vor die Tür. Auch nachts".[33] Diese Passage verdeutlicht, wie extrem die Misshandlungen der Frauen waren und wie wenig Unterstützung sie von ihrer Umgebung erhielten. Schwarzer verknüpft diese Erzählungen geschickt mit die Kritik an patriarchalen Strukturen, sie solche Missstände tolerieren. Auch die Reaktionen der Männer werden im Artikel thematisiert. Eine Frau erzählt: „Jetzt versucht er mit allen Mitteln, mich zurückzuholen. So reagieren fast alle Männer der Frauen hier im Haus".[34] Diese Aussage zeigt die psychische Gewalt, die viele der Frauen selbst nach ihrer Flucht erleben, und die manipulativen Versuche der Männer, die Frauen zurückzuholen. Auch die Aussage: „Und immer hast Du die Hoffnung, er ändert sich".[35] Diese Aussage spiegelt die innere Zerrissenheit vieler Frauen wider, die trotz der erlittenen Gewalt immer wieder an eine mögliche Verbesserung der Situation glauben. Dies zeigt die psychische Abhängigkeit und das Verhaftet sein in gewalttätigen Beziehungen, was oft dazu führt, dass Frauen in ihren toxischen Lebensumständen verharren.

Die Berichterstattung in *EMMA* verwendet zudem stilistische Mittel wie direkte Zitate, um die Authentizität und Dramatik der Erzählungen zu verstärken. Beispielsweise wird die Aussage einer Frau zitiert, die berichtet: „Der achtjährige Sohn Stefan hat neulich gesagt: Wenn ich könnte, würde ich Vater umbringen!".[36] Solche Zitate verdeutlichen nicht nur die traumatischen Erlebnisse der betroffenen Frauen und Kinder, sondern zeigen auch die langfristigen psychischen Folgen häuslicher Gewalt. Gerhard hebt hervor, dass diese Form der Berichterstattung dazu beitrug, die Stimmen der Betroffenen zu stärken und ihre Erfahrungen in den öffentlichen Diskurs einzubringen, was zuvor oft nur im Privaten verhandelt wurde.[37]

Ein weiterer Aspekt des Artikels ist die institutionelle und gesellschaftliche Ignoranz gegenüber den Frauen. Die meisten Männer, so wird berichtet, „rufen hier an und drohen mit Selbstmord. Bei den Ämtern erzählen sie, wir wären Trinkerinnen und gehörten in die Heilanstalt – aber sie würden uns trotzdem gern wieder aufnehmen. Und die Ämter glauben denen mehr als uns".[38] Diese Aussagen verdeutlichen die mangelnde Unterstützung, die die Frauen von staatlichen Institutionen erhielten und die gesellschaftliche Abwertung, die sie erlebten.

---

[33] Emma, Ein Tag im Haus für geschlagene Frauen, 1977, S. 7.
[34] Emma, Ein Tag im Haus für geschlagene Frauen, 1977, S. 8.
[35] Emma, Ein Tag im Haus für geschlagene Frauen, 1977, S. 7.
[36] Emma, Ein Tag im Haus für geschlagene Frauen, 1977, S. 7.
[37] Gerhard, Frauenbewegung und Feminismus, S. 114.
[38] Emma, Ein Tag im Haus für geschlagene Frauen, 1977, S. 8.

Ein weiterer zentraler Aspekt des Artikels ist die Darstellung der gesellschaftlichen Reaktionen auf häusliche Gewalt. Schwarzer kritisiert scharf die Haltung der Gesellschaft und insbesondere der Behörden, die den Frauen oft nicht glauben oder sie zur Rückkehr zu ihren gewalttätigen Partnern drängen.[39] Dies wird deutlich durch die Schilderung einer Frau, deren Mann das gemeinsame Kind aus dem Fenster hielt und damit drohte, es zu töten. Die Reaktion der Polizei war erschütternd gleichgültig: „Was wollen Sie denn? Das Kind lebt ja noch".[40] Diese Kritik spiegelt die größere gesellschaftliche Problematik wider, dass häusliche Gewalt zu dieser Zeit oft als privates Problem abgetan wurde. Gerhard betont, dass die feministische Bewegung dieser Zeit bestrebt war, die strukturellen Bedingungen, die solche gesellschaftlichen Reaktionen ermöglichten, grundlegend zu verändern.[41]

Der Artikel verdeutlicht auch die Bedeutung von Frauenhäusern als Zufluchtsorte und stellt diese Einrichtungen als essenziell für das Überleben vieler Frauen dar. Schwarzer betont die Notwendigkeit solcher Institutionen und beschreibt, wie viele der neu angekommenen Frauen ihre eigenen Rechte nicht kannten und aus Angst oft zögerten.[42] Das Frauenhaus wird beschrieben als ein Ort der Solidarität, an dem Frauen lernen, ihre Rechte wahrzunehmen und sich gegenseitig zu unterstützen. Die Tatsache, dass keine Frau zurückgeschickt wird, betont die lebensrettende Funktion solcher Einrichtungen.[43] Dies bot nicht nur physischen Schutz, sondern schuf auch einen Raum für politische und soziale Stärkung.

Dies unterstreicht die transformative Rolle, die Frauenhäuser in der Selbstermächtigung von Frauen spielen. Gerhard argumentiert, dass diese Einrichtungen als ein wichtiger Bestandteil der Neuen Frauenbewegung betrachtet werden können, da sie nicht nur Schutz boten, sondern auch Orte der politischen und sozialen Bildung darstellten.[44] Interessant ist auch die Schilderung des Arbeitsumfeldes im Frauenhaus: „Alle Frauen duzen sich im Haus, auch die Mitarbeiterinnen, das Team ist gleichberechtigt, es gibt keine Chefin und keine Hierarchie".[45] Diese Beschreibung zeigt, wie das Frauenhaus nicht nur ein Zufluchtsort, sondern auch ein Raum war, in dem alternative gesellschaftliche Modelle gelebt wurden, die auf Solidarität und Gleichberechtigung basierten.

---

[39] Emma, Ein Tag im Haus für geschlagene Frauen, 1977, S. 7.
[40] Vgl. ebd.
[41] Gerhard, Frauenbewegung und Feminismus, S. 109.
[42] Emma, Ein Tag im Haus für geschlagene Frauen, 1977, S. 10.
[43] Emma, Ein Tag im Haus für geschlagene Frauen, 1977, S. 8.
[44] Gerhard, Frauenbewegung und Feminismus, S. 114.
[45] Emma, Ein Tag im Haus für geschlagene Frauen, 1977, S. 11.

Gabriella Hauch hebt die zentrale Bedeutung feministischer Zeitschriften wie *EMMA* für die Entwicklung und Festigung der Bewegung hervor. Sie betont, dass *EMMA* gemeinsam mit Courage maßgeblich zur „Pluralisierung und Konsolidierung" feministischer Öffentlichkeit in den 1970er und 1980er Jahren beigetragen hat.[46] Diese Zeitschriften boten eine wichtige Plattform, auf der feministische Themen, darunter auch häusliche Gewalt, einem breiten Publikum zugänglich gemacht und intensiv diskutiert wurden. Durch diese Medien entstand nicht nur ein Bewusstsein für diese Probleme, sondern sie halfen auch dabei, eine kohärente Bewegung zu formen, die sich über verschiedene gesellschaftliche Schichten hinweg erstreckte.

Darüber hinaus wird die Bedeutung feministischer Wissenschaftsproduktion thematisiert, die durch solche Publikationen gefördert wurde.[47] *EMMA* spielte hier eine doppelte Rolle. Sie war nicht nur ein journalistisches Medium, sondern auch eine Plattform, die wissenschaftliche Diskussionen über Geschlechterfragen und feministische Theorien in die breite Öffentlichkeit trug. Diese Verbindung von journalistischer und wissenschaftlicher Reflexion ermöglichte es, komplexe Themen wie häusliche Gewalt nicht nur darzustellen, sondern auch analytisch zu durchdringen und kritisch zu beleuchten. Schließlich reflektiert Hauch die methodische und geschichtspolitische Bedeutung der Neuen Frauenbewegung, wie sie durch die Arbeit von Lenz und anderen Historikerinnen dokumentiert wird.[48] Diese Reflexion ist für Ihre Analyse relevant, da sie zeigt, wie die Darstellung von Themen wie häuslicher Gewalt in *EMMA* nicht nur Teil eines medialen Diskurses war, sondern auch einen bewussten Beitrag zur feministischen Geschichtsschreibung darstellte. Durch die kritische Reflexion und Darstellung solcher Themen trug *EMMA* dazu bei, das kollektive Gedächtnis zu prägen und die öffentliche Wahrnehmung nachhaltig zu beeinflussen.

3.Auswirkungen der Zeitschriftberichterstattung auf die Gesellschaft

Die Berichterstattung der Zeitschrift *EMMA* über häusliche Gewalt hatte weitreichende gesellschaftliche Auswirkungen. Insbesondere in den 1970er und 1980er Jahren trug die Zeitschrift maßgeblich zur Sichtbarmachung von Geschlechterungleichheit und Gewalt im privaten Raum bei. Wie Susanne Klose und Eva Labouvie in ihrem Tagungsbericht über Geschlecht und Gewalt in Geschichte und Gegenwart hervorheben, ist es die mediale Aufarbeitung solcher Themen, die nicht nur zur öffentlichen Wahrnehmung, sondern auch zur

---

[46] Hauch, Gabriella. „Rezension: Ilse Lenz (Hrsg.), 2008: Die Neue Frauenbewegung in Deutschland. Abschied vom kleinen Unterschied. Eine Quellensammlung." In: Gender- Zeitschrift für Geschlecht, Kultur und Gesellschaft, 2 (2) 2010, S. 149-151, S. 150.
[47] Vgl. ebd.
[48] Vgl. ebd., S.151.

gesellschaftlichen Veränderung beiträgt.[49] Der Bericht zeigt auf, dass feministische Medien wie *EMMA* eine zentrale Rolle dabei spielten, Tabuthemen wie häusliche Gewalt in den öffentlichen Diskurs zu rücken.

Ein wesentlicher Aspekt der Wirkung solcher Berichterstattung liegt in der Veränderung des gesellschaftlichen Bewusstseins. Laut Klose und Labouvie war die Diskussion über Geschlecht und Gewalt eng mit politischen Bewegungen und dem Kampf für Gleichberechtigung verbunden.[50] Die von *EMMA* geführten Diskussionen über häusliche Gewalt führten nicht nur zu einer größeren Sensibilisierung der Bevölkerung, sondern auch zu konkreten politischen Maßnahmen, wie etwa der Einrichtung weiterer Frauenhäuser und der rechtlichen Anerkennung häuslicher Gewalt als Straftat.

Darüber hinaus unterstreicht der Tagungsbericht, dass die kontinuierliche Berichterstattung über geschlechtsspezifische Gewalt langfristige kulturelle Veränderungen anstoßen kann. Indem *EMMA* die Geschichten betroffener Frauen erzählte, trug die Zeitschrift dazu bei, die strukturellen Ursachen von Gewalt zu thematisieren und die gesellschaftliche Ignoranz gegenüber diesem Problem zu durchbrechen. Diese Effekte sind laut Klose und Labouvie nicht nur auf Deutschland beschränkt, sondern lassen sich auch in anderen Ländern beobachten, in denen feministische Bewegungen und Medien aktiv gegen geschlechtsspezifische Gewalt vorgehen.[51]

Die gesellschaftliche Relevanz der feministischen Berichterstattung, insbesondere im Kontext der häuslichen Gewalt, wird in mehreren wissenschaftlichen Arbeiten und Rezensionen umfassend beleuchtet. Isabel Heinemanns Rezension zu Elena Petrovás Werk „Kultureller Kalter Krieg und die Dritte Welt" unterstreicht die Rolle von Medien und feministischem Aktivismus als zentrale Faktoren, die zur öffentlichen Wahrnehmung und zum Diskurs über soziale Ungerechtigkeiten beigetragen haben.[52] Dies zeigt sich besonders in der Wirkung, die feministische Zeitschriften wie *EMMA* auf die Verankerung solcher Themen im kollektiven Bewusstsein hatten.

---

[49] Susanne Klose/Eva Labouvie, Geschlecht und Gewalt in Geschichte und Gegenwart. Tagungsbericht, 14.02.2022 – 16.02.2022, digital (Magdeburg), in: H-Soz-Kult, 12.04.2022, verfügbar unter: https://www.hsozkult.de/conferencereport/id/fdkn-127941, S.1.
[50] Vgl. ebd., S. 2.
[51] Vgl. ebd., S. 3.
[52] Heinemann, Isabel. Rezension zu: Elena Petrová, „Kultureller Kalter Krieg und die 'Dritte Welt'." In: *H-Soz-Kult*, 21.08.2023. Verfügbar unter: https://www.hsozkult.de/review/id/reb-129100, S. 1.

Heinemann betont, dass Berichte über häusliche Gewalt in den Medien in den letzten Jahrzehnten eine immer stärkere Präsenz gefunden haben, was wesentlich durch die Aktivität feministischer Bewegungen und Publikationen wie *EMMA* vorangetrieben wurde. Sie zeigt auf, dass der Diskurs über häusliche Gewalt, der ursprünglich durch feministischen Aktivismus ins gesellschaftliche Bewusstsein gebracht wurde, mittlerweile nicht mehr aus der öffentlichen Debatte wegzudenken ist.[53]

Ein weiterer zentraler Punkt ist die Rolle der Medien bei der Schaffung eines transnationalen feministischen Bewusstseins. Heinemann hebt hervor, dass die Medien eine Schlüsselrolle dabei spielten, feministische Themen grenzüberschreitend zu verbreiten und damit zur Konsolidierung einer internationalen Bewegung beizutragen.[54] Im Kontext der Zeitschrift *EMMA* bedeutet dies, dass durch ihre Berichterstattung nicht nur die innerdeutschen Debatten angestoßen, sondern auch internationale feministische Strömungen und Diskurse beeinflusst wurden. Darüber hinaus stellt die Rezension heraus, dass die mediale Vermittlung feministischer Themen wie häusliche Gewalt nicht nur zur Bewusstseinsbildung beitrug, sondern auch konkrete politische und gesellschaftliche Reformen förderte. In Bezug auf die deutsche Gesellschaft zeigt Heinemann auf, dass die kontinuierliche Thematisierung von häuslicher Gewalt durch Zeitschriften wie *EMMA* zur Etablierung eines Netzes von Schutzräumen und Anlaufstellen für betroffene Frauen geführt hat.[55] Dies ist ein Beleg dafür, dass feministische Medien nicht nur aufklärerisch wirkten, sondern auch zur tatsächlichen gesellschaftlichen Veränderung beitrugen.

4. Fazit

Abschließend zeigt diese Arbeit, wie der feministische Aktivismus, insbesondere durch die Berichterstattung der Zeitschrift *EMMA*, die gesellschaftliche Wahrnehmung von häuslicher Gewalt nachhaltig geprägt hat. Durch die gezielte Thematisierung und die emotionale Darstellung eines lange verdrängten Problems gelang es, häusliche Gewalt in den öffentlichen Diskurs zu rücken. Die detaillierten Schilderungen individueller Schicksale, die scharfe Kritik an patriarchalen Strukturen sowie die Forderungen nach politischen und gesellschaftlichen Veränderungen führten nicht nur zu einer breiten Sensibilisierung der Öffentlichkeit, sondern

---

[53] Vgl. ebd., S. 2.
[54] Vgl. ebd.
[55] Vgl. ebd., S. 3.

mündeten auch in konkreten Maßnahmen wie der Einrichtung von Frauenhäusern und der rechtlichen Anerkennung häuslicher Gewalt als gravierendes gesellschaftliches Problem.

Die Analyse verdeutlicht zudem, dass *EMMA* in den 1970er und 1980er Jahren eine Schlüsselrolle als Plattform der feministischen Bewegung einnahm und maßgeblich zur Entstehung eines transnationalen feministischen Bewusstseins beitrug. Dadurch wurden Debatten über häusliche Gewalt nicht nur auf nationaler Ebene angestoßen, sondern auch in internationale feministische Diskurse eingebracht. Die Verknüpfung journalistischer Berichterstattung mit feministischer Theorie in *EMMA* ermöglichte es, komplexe Themen wie häusliche Gewalt nicht nur darzustellen, sondern auch analytisch zu durchdringen und kritisch zu reflektieren.

Zusammenfassend wird deutlich, dass der feministische Aktivismus im Zusammenhang mit häuslicher Gewalt nicht nur die gesellschaftliche Wahrnehmung verändert, sondern auch nachhaltige strukturelle und politische Reformen angestoßen hat. Diese Entwicklungen verdeutlichen, wie entscheidend feministische Medien für die Transformation gesellschaftlicher Normen sein können.

5. Quellenverzeichnis

EMMA. „Ein Tag im Haus für geschlagene Frauen." In: *EMMA*, Ausgabe 1, 1977.

6. Literaturverzeichnis

Gerhard, Ute. *Frauenbewegung und Feminismus: Eine Geschichte seit 1789*. 4. Auflage. Verlag C.H. BECK, 2020.

Hark, Sabine. „Von EMMA zu Alpha: Über Möglichkeiten und Grenzen feministischer Kritik heute." *Journal Netzwerk Frauen- und Geschlechterforschung NRW*, Nr. 26 (2010): 36-42. Verfügbar unter: https://doi.org/10.25595/1295.

Hauch, Gabriella. „Rezension: Ilse Lenz (Hrsg.), 2008: Die Neue Frauenbewegung in Deutschland. Abschied vom kleinen Unterschied. Eine Quellensammlung." In: *GENDER - Zeitschrift für Geschlecht, Kultur und Gesellschaft*, 2(2), 2010, S. 149-151. <verfügbar unter: https://nbn-resolving.org/urn:nbn:de:0168-ssoar-394668.

Heinemann, Isabel. „Rezension zu: Elena Petrová, ‚Kultureller Kalter Krieg und die 'Dritte Welt'."' In: *H-Soz-Kult*, 21.08.2023. Verfügbar unter: https://www.hsozkult.de/review/id/reb-129100.

Klose, Susanne / Labouvie, Eva. „Geschlecht und Gewalt in Geschichte und Gegenwart. Tagungsbericht, 14.02.2022 - 16.02.2022, digital (Magdeburg)." In: *H-Soz-Kult*, 12.04.2022. Verfügbar unter: https://www.hsozkult.de/conferencereport/id/fdkn-127941.

Metz-Göckel, Sigrid. „Rezensionen: Monika Jaeckel, 2011: (M)ein bewegtes Leben; Alice Schwarzer, 2011: Lebenslauf." In: *GENDER - Zeitschrift für Geschlecht, Kultur und Gesellschaft*, 5(1), 153-157, 2013. Verfügbar unter: https://nbn-resolving.org/urn:nbn:de:0168-ssoar-397464.

Steymans-Kurz, Petra, Angelika Schaser, Sylvia Schraut (Hg.). *Erinnern, vergessen, umdeuten?* Campus Frankfurt / New York, 2019.

BEI GRIN MACHT SICH IHR WISSEN BEZAHLT

- Wir veröffentlichen Ihre Hausarbeit, Bachelor- und Masterarbeit

- Ihr eigenes eBook und Buch - weltweit in allen wichtigen Shops

- Verdienen Sie an jedem Verkauf

Jetzt bei www.GRIN.com hochladen und kostenlos publizieren